Joe Neményi Nahodil - Gedichte 1

Joe Neményi Nahodil

Gedichte
Teil 1

Herausgegeben von
Baron Árpád von Nahodyl Neményi

Umschlagbild: Joe Neményi Nahodil, Köln 3.12. 1955.

Buchbeschreibende Angaben der Deutschen Nationalbibliothek:
Die Deutsche Nationalbibliothek verzeichnet diese Veröffentlichung in der Deutschen
Nationalbibliographie; genauere buchbeschreibende Angaben sind im Weltnetz
über www.dnb.de abrufbar.

**Verlag: BoD · Books on Demand GmbH, In de Tarpen 42,
22848 Norderstedt
Druck: Libri Plureos GmbH, Friedensallee 273,
22763 Hamburg
ISBN: 978-3-7693-2097-8**

Meiner lieben Mutter gewidmet
(Weihnachten 2024)

Vorwort

Joe Neményi Nahodil, wurde am 3. 12. 1925 in Budapest geboren. Sein Vater, Alajos, der sieben Monate vor Joes Geburt starb, entstammte einer böhmisch-mährischen Adelsfamilie, seine Mutter Róza geb. Kornhoffer war deutschstämmig. Joe oder Josef, der eigentlich József Ferencz hieß, war der Jüngste von insgesamt sieben Geschwistern. 1945 wurde er in Budapest von der SS nach Deutschland verschleppt, in der Nähe von Bayerisch-Eisenstein gelang ihm die Flucht, er wurde aber wieder aufgegriffen und bei Zwiesel gegen die Amerikaner aufgestellt. Am 1. 5. floh er von dort und schlug sich bis nach Heidelberg durch. Er legte seine Adelskennzeichen ab und nach seinem Abitur studierte er Theologie, wurde „lic. theol." und war der Beste seines Jahrganges. Danach folgte eine Assistentur in Regensburg, die 6 Jahre dauerte. Er wurde Neubearbeiter von Sellmairs Buch „Der Priester in der Welt". Joe Neményi Nahodil hielt Vorträge und es gab kleine Veröffentlichungen. Seit 1950 wurde er „ordines minores", seine erste Predigt lautete „Der Geist der Wahrheit".
Man könnte Joe Neményi Nahodil als Existenzialisten bezeichnen, er hatte Verbindungen zu vielen damaligen Intellektuellen und Theologen (z. B. Walter Dirks).
1955 heiratete er Ines-Maria Buschkamp, meine Mutter, von der er vier Kinder hatte. Seit 1966 arbeitete Joe Neményi Nahodil beim Bundesminister für Forschung und Technologie in Bonn als wissenschaftlicher Bibliothekar. Er starb in Bonn am 9. 10. 2016.
Joe Neményi Nahodil war Philosoph und Moraltheologe, auf diesem Gebiete hinterließ er viele beachtenswerte Manuskripte und ich überlege, ob einige davon nicht auch veröffentlicht werden sollten. Seine Gedichte sind meist progressiv und auch gesellschaftskri-

tisch, aber auch von einer depressiven Trauer und Lebensverneinung geprägt und verdienen es meiner Meinung nach, veröffentlicht zu werden, was ich hiermit mit einem ersten Band mache. Ich plane, einen zweiten Band herauszubringen, da sich noch weitere Gedichte im Nachlaß befinden können und vielleicht auch einzelne theologische Ausarbeitungen herausgegeben werden sollten.

Geordnet sind die Gedichte so, wie sie auch mein Vater anordnete, chronologisch, sofern das möglich war, also nicht thematisch, was man auch hätte tun können. Die Herkunftsangaben und Anmerkungen stammen von Joe Neményi Nahodil, einige setzte er nachträglich unter die Texte, wenn ich etwas hinzugefügt habe, dann habe ich es in eckige Klammern gesetzt. Die Orthographie habe ich von den Vorlagen so übernommen, wie sie war, nur ganz eindeutige Fehler der Schreibung habe ich berichtigt, wenn es für das Verständnis notwendig ist. Oft hat mein Vater seine eigenen Gedichte später selbst kritisiert und Bemerkungen unter den Text gesetzt. Er war mit seiner Arbeit sehr streng und nie ganz zufrieden.

Das Motto gibt Joe Neményi Nahodil selbst in diesem Vers „an den Sohn" an:

> Ich habe die Zeit eingefangen
> vermauert und vertan.
> Nun ist es an Dir, zu erlangen
> was ich nicht mehr kann.

Mit diesem Buch möchte ich die wertvollen Arbeiten meines Vaters vor dem Vergessen retten und ihnen die ihnen gebührende Aufmerksamkeit geben.

Bad Belzig, Joes Geburtstag, 3. 12. 2024
Baron Árpád v. Nahodyl Neményi

MAGOR
(Urvater der Ungarn)

I.

Goldener Becher. Goldener Wein.
Goldene Gesittung.

Ich habe genug gedacht
und genug getrunken.

Schöne Frau, schenk nicht mehr ein,
auch lies mir nicht mehr vor!

Ein Tropfen Blut von Magor
zerbricht tausend Jahre.

Zu lange schwieg ich, betäubt
von deiner Dichtung.

Jetzt schreit in mir Magor:
O Ursprung! Ursprung!

Tausend Jahre sind schrecklich,
ich verrate noch.

Doch bald schreie ich aus mir:
Ursprung! O Ursprung!

Wenn ich den gefürchteten Chef
anschreie: Hurensohn!

und seinen großen Gott verlache
– welches Gelächter!

seine vielen Tausendmarkscheine
in Stücke zerreiße,

da schaut Magor mich stolz und sagt:
Ich bin noch. Magor.

II.
Mein Blut schwört: du bist.
Hölzernen Becher! Rotwein her!

Gießt nach allen Sternen, gießt
auf die Erde, in den Ozean

Magors Auferstehung!
das ist der Schwur meines Blutes.

Und wisset nicht mehr. Alle
Zerdenkung ist blaß.

Dann greife wer kann
zu seinen Lexika.

Dann greife wer kann
zur Tradition.

Zur Bilanz.
Zu den Projekten.

Zu Bomben und Ave-Marias.
– Magor zerlacht alles.

Zittre, kluge schlanke
Zeit! Zittre!

Dein dicker Gott breite
die Arme. Dein Bräutigam

hoch über alle Treppen.
Dein Werden.

Magor ist. Magor lacht.
Nichts geht ihn an.

(Köln 1958 n. n.)

Sie riefen Jahwe

Sie riefen Jahwe.

Da erhob sich Jahwe.
Und das Gold des Denkens
glitt von seinem Mantel.
Da türmte er sich auf.
Und das Silber der Taten
glitt von seinem Hemd.
Da entschwebte Jahwe.
Und der Schmutz der Gebete
glitt von seiner Nacktheit.

Sie riefen Jahwe.
Und niemand rief zurück:
ichbinichbin.

(Köln - Zeit der Verhärtung)

Drei Männer küßten eine Frau

Drei Männer küßten eine Frau:
der erste jung und wilde,
der zweite – an den Schläfen grau –
in abgeklärter Milde,
der dritte schließlich küßte sie
zum Spaß – und den vergaß sie nie.

Zum ersten sprach sie: „Diese Glut
versengt mir Herz und Sinne!"
Zum zweiten: „Ach, wie sind sie gut,
wie edel ihre Minne!"
Zum dritten sprach sie gar kein Wort –
den liebte sie für immerfort.

(Köln um 1958 – im Kontext „City love melodies" für die ungarischen
Musikstudenten aus 1956, vorgetragen im Kölner Café Zell oder beim
Mannesmann-Jubiläum in Düsseldorf)

Hymne auf die Existenz

Der Hunger-Gott
will in mir wohnen. Ach wie schön!
Ich werde wieder träumen. Wurst,
Milch und Brot werde ich träumen.

Der Kälte-Gott
will in mir wohnen. Ach wie schön!
Ich werde wieder träumen. Koks,
Sonne, Liebe werde ich träumen.

Der Krankheit-Gott
will in mir wohnen. Ach wie schön!
Ich werde wieder träumen. Kraft,
Herz und Lungen werde ich träumen.

(1958/59)

Hymne auf die menschlichen Ordnungen

Der Staat sprach: Es lebe der Staat!
Und gab mir eine Nummer.
Ich nahm die Nummer
und fragte: Was nun?

Die Kirche sprach: Es lebe die Kirche!
und gab mir einen Segen.
Ich nahm den Segen
und fragte: Was nun?

Der Tod sprach: Freiheit! oh Freiheit!
und gab mir einen Strang.
Ich nahm den Strang
und erhängte mich.

In meinem Atem lacht der Tod

In meinem Atem lacht der Tod,
in meinem heißen Atem hell,
schwer schreitet in meinem Blut der Tod:
Mit dir ist Ende, Rebell!

Schwer schreitet er dahin und spricht
und dröhnt in meinem linken Ohr:
Rebell! Rebell – ich bin das Endgericht
in deinem linken Ohr!

in deiner linken Lunge! dort,
wo würgend meine kalte Hand
dich hält, dich bricht! Du lebst nicht fort,
Rebell, du verrinnst wie Sand …

(Köln 1959)

Mit großen häßlichen Gesichtern um meine Kerze saß die Nacht

Mit großen, häßlichen Gesichtern
um meine Kerze saß die Nacht.
Ich sprach zu ihr wie meinen Richtern:
„Erbarme dich, oh Nacht!"
„Erbarme dich!"

Mit hohen Mauern in den Ohren,
mit steinernen Mauern ums Herz –
sie hörte nicht. Ich war verloren
und starb im nächsten März …
und wie ich starb!

Da schlug der Wald in tausend Blätter,
in tausend Blüten sich die Au ...
Und meine Welt? sechs bloße Bretter,
und meine Himmel, silbergrau –
und meine Himmel, ach!

(Köln 1959)
(Allein in Köln. Freunde verloren. Strom gesperrt. Der Arzt
Dr. Weygand sagt meinen Tod voraus, ein halbes Jahr noch ...)

17

Gedanken eines Buchhalters

Orangen-Sonne. Blendung.
Hiebe aus Hitze.
Lila Schatten. Und keine Sendung,
keine Wolken, keine Blitze.

Schreie. Versengter Asphalt.
Matte Großstadtbäume.
Ich bin ohne Halt,
bin meine Träume.

Gelbgrüner Bus voll Leute:
wie sind wir tot!
wie sind wir ganz Heute!
nur manches Blut ist rot.

(1959)

Weißer Gott schwarzer Gott

Weißer Gott. Schwarzer Gott.
Weisheit, Wille wie Eis.
Nur mein Blut ist so rot,
mein Blut so heiß.

Hundertmal. Tausendmal
schrie ich, schritt ich zu dir.
Kühler Gott. Kalter Strahl.
Und ich – das Tier.

Leben. Sehr. Bis zum Grund.
Leben. Gierig und wild.
Ewig dürstet mein Mund.
Bin ich dein Bild?

(Köln 1959 – schon „In Delirium")

Gedicht ohne Überschrift

Mit rohen Christusgesichtern zog
der Jugend Ungnade durchs Land:
heilig verderblicher Sog,
heilig tötende Hand.

Gedicht ohne Überschrift

Im Land der Starkstrom-Masten,
im Geflecht der funkelnden Drähte
verfing sich ein großes Tier: der Staat,
und im Lärm, in den Lichtern, im Tempo
des rasenden Lebens verbrannte es
wie Bündeln von Aktien; sein Blut
roch nach Huren, Kirchen, Militärs.

(1959/60)

Land der Nacht

Land der Nacht.
Ein kalter Baum
grieft ins Leere
wie ein Gebet.

Totes Land,
leere Hand,
dunkler Traum:
die Zeit – sie steht.

Ich habe ein reines
Licht erdacht,
ersehnt ein heißes
Feuer.

(Köln 23. 2. 1961. – Vorletzte Zeile „helles"
Feuer auf heißes geändert – Weihnachten 2008)

Oh blasse Landschaft blasses Horizont

Oh blasse Landschaft, blasses Horizont,
wie Spinnen in der Webe: blaß und blut-
begehrend! Blasses Leben, wie begehrst
du meinen Tod, das unsagbare Rot?

Du sogst die Lenden junger Stiere schlaff!
Du brachst die Tannen! Giftetest das Feld!
Die höchsten Gipfel hast du stolz beflaggt!
Im tiefsten Meer noch steht dein Eisenzelt:

Daß alles grau sei, alles untertan
und wohlgeordnet bis ins letzte Glied!
Oh blasse Landschaft, greiser Scharlatan –
wie gänzlich anders hörst du dieses Lied.

(Köln 1961)

Ich streichle die Straßen

Ich streichle die Straßen,
ich küsse die Nacht
und bin ohne Maßen

Er sie es lacht

Ich greife das Leben
wie es sich auch dreht
und bin ohne Streben

Er sie es steht

Ich strecke die Hände,
daß einer mir gibt
und stieße auf Wände

Er sie es liebt

(Köln 1962 oder 1963)

Die Freude ist ein kleines Boot

Die Freude ist ein kleines Boot,
das Leid ein großes Meer.
Der Tod ist schwarz, das Blut ist rot,
dein Herz ist kalt und leer. *

Die Hoffnung ist ein Kerzenlicht,
die Angst ist tiefe Nacht.
ich sehe deine Lichter nicht – **
du hast sie ausgemacht.***

Die Liebe ist ein leises Wort,
der Haß ein greller Schrei.
Du übertönst mich immerfort
und brichst mein Herz entzwei.

(Köln. 31. 12. 1963 Silvesterabend, Änderungen am 10. 2. 2008)
   *   Fassung 1963: »– ich finde dich nicht mehr«
  ** Fassung 1963: »Ich seh die kleine Kerze nicht«
***Fassung 1963: »– man hat mich umgebracht«

Die Monde die Grüße reine
Stirne der Silbernacht

Die Monde, die Grüße, reine
Stirne der Silbernacht!
Versammle dich und weine:

Er hat mich umgebracht.

Die Schatten auf Silberfluren
haben den Tau gesiebt,
umwacht von stummen Uhren –

Er hat mich totgeliebt.

Die Stirne! das Hirn! Gebete
sinken, die Geister sind.
Blut ernte, wer Denken säte,

flatternd im Silberwind.

(Köln irgendwann De Profundis [1963]. Mir selbst unerklärlich
dieses Denken! Silber und immer wieder Silber, warum?)

Holder Abend wilde Nacht

Holder Abend, wilde Nacht,
zarte Lippen, harte Worte …
Keinen hat der Storch gebracht –
alle sind aus der Retorte.

Helle Augen, leerer Blick:
du bist mager, ich bin dick
du bist edel, ich bin schlecht,
du bist Rilke, ich kein Brecht.

Sagst du Woge, sag ich Welle,
sagst du singe, sag ich belle!
sagst du Schwäne, sag ich weiße,
sagst du schrecklich, sag ich
– „ach, wie schön!" –

(Köln 1958, oder später 1963)

Hymne auf die Psychoanalyse

Wer lotet aus,
wer schreitet ab
die Wände, die Länge, die Tiefe
meiner Nervosität?

Im toten Haus,
im finstern Grab
der Krankheit, der Schwachheit, der Ängste
wohnt die Divinität.

(1963; Überschrift 1964)

Schwarzer Stern

Schwarzer Stern
meines Glaubens,
sing dem Herrn,
daß ich ihn kenne.

Schwarzer Stern
meines Liebens,
sing dem Herrn,
daß ich verbrenne!

Schwarzer Stern
meines Sterbens,
sing dem Herrn!
Ich sterbe gern.

(Schwarze, samt-
schwarze
Sterne des
Sterbens;
alles ist Farce,
ist des Verderbens)

(19. März 1963 [oder 1968], Bahnhof Barbarossaplatz)
(Marion Strehlow gewidmet)

Aus vielen Gläsern trank ich das Leid

Aus vielen Gläsern
trank ich das Leid,
aus großen Fässern
die Sorge.

Von vielen Tellern
aß ich die Not,
aus großen Töpfen
Traurigkeit.

Und ich schlief
mit dem Tod,
mit Krankheiten
und Ängsten.

(Köln, Pfingstsonntag 1964?)

Dein guter Haß, Herr, deine Vaterschaft

Dein guter Haß,
Herr, deine Vaterschaft,
du Wald, du Überzahl
an Schwerkraft, Schöpfung

dein heiliger Haß:
wieviel Licht, Ton begrub er?
wieviele Schritte sein Laub?
Da brachen Flüge!

Banne den Kömmling,
Herr, nicht mehr in sich!
Oder aber verdorre,
Urbaum! Könnender!

(Analysis 1964)

Hier ein Kuß von meinem heißen Mund

Hier ein Kuß
von meinem heißen Mund –
dort euer kalter,
wissender Verzicht.

Hier meine reine
heiße Ergebung –
dort das entsetzliche
Jüngste Gericht.

Herr, ich habe
nichts begriffen –
Herr, ich habe
nur geliebt.

(Köln 21. 11. 1964. Dies ist natürlich kein Gedicht. Nichts
ist Gedicht. Ich schreibe nur meine kaputte Seele hin)

Ich habe die Zeit eingefangen
vermauert und vertan

Ich habe die Zeit eingefangen
vermauert und vertan.
Nun ist es an Dir, zu erlangen
was ich nicht mehr kann.

Ergreife den Spaten. Grabe
auf meinem dürren Sand –
in mir sind reißende Wasser, ich habe
verwehrt sie diesem Land.

Zerbrich deinen Vater! Vergieße
sein Schweigen, seine Nacht!
Als Licht, als Schreie zerfließe,
was er dunkel für dich gedacht.

(Analysis 1964. Widmung: „Dem Sohn 1964")

Rachel of Auschwitz

Schau ich der Vögel Flug,
den Flug des Windes, der Zeit, Elohim,
meine Gebete, sie sind wie aus Blei,
bleierne Gewichte die Träume

Hör ich den Ruf der Vögel,
dein Wort oder von irgendwem, Elohim,
mich hörst, mich erhörst du nicht,
an deinem Schweigen zerschellt mein Schrei

Fühl ich des Windes Hauch
am Flügelschlag, am Schrei, Elohim,
aus mir wird keine Seele entweichen,
bin eine tote Schwalbe, ohne Zahl

(Köln 6. 4. 1964 – Mißlungen, neu versucht)

Auschwitz

Es war eine Nacht, sie goß
in großen Schalen aus die Finsternis,
und wo der Mond sein mußte, da war
eine Wunde voll schwarzen Bluts,
wo immer ein Stern, da standen Galgen,
hingen meine Gebete, da war
schon vergangen die Zukunft, das Land
war blind und keiner wußte sich mehr,
von Gott, nichts. Es war eine Nacht, die Nacht.

Ich liebe die Toten, sie sind
meine Kinder, denn ich blicke zurück
in die Zeit, und wenn ich rufe, sie stehn
in ihrem Totsein, sind selig, ihr aber weint.
Warum? Und ihr seufzt. Soll das ein Sturm,
ein Wille werden, der vom erloschnen Mond
risse die Schleier? Und sollen aufs neue
die Sterne entflammen? Einmal ward schon Licht.
Nein, brecht endlich ab, die ewigen Kreise des Leids!

Es war eine Nacht, ich ging
wie ein Baum in der Nacht. Meine Füße
verwurzelt. Dunkel und hohl die Frucht,
und ich trag sie doch, das dorre Gezweig
hielt sie um alles. So war ich wieder die Jüdin
von Auschwitz, unendlich mager, ein Skelett
mein Leib, der ein Skelett gebar – niemand
entreiße es mir! Adolf Hitler, erbarme dich
meiner! Heiliger Vater! Eichmann! Jesus! Erbarmen …

(Köln, 7. 4. 1964)

Ein Gedicht an Gott

Nimm meine Hand,
sie blutet
Nimm meine Seele,
ich weine

Wie goldener Sand
flutet
aus deiner Kehle
die reine
verlorene Zeit

Brennender Scheit
blutende Wunde
Behalte die Stunde
gib Ewigkeit!

(Köln, wahrscheinlich nach dem 6. März 1964)

Wenn meine Augen erblinden

Wenn meine Augen erblinden,
mein Leib verfällt und mein Herz zerbricht:
dann will ich mich neu erfinden,
mit einem neuen Angesicht.

Doch wenn die Seele entkräftet,
mein Leiden hohl wird, mein Lieben schal:
dann sei ich ans Kreuz geheftet,
sei mein Anteil ewige Qual.

Denn daß das Zeitliche bliebe,
ist eitler Wunsch, das nur ein Tor begehrt:
dagegen ist ohne die Liebe
selbst die Ewigkeit nichts wert.

(wirr; auch als „verfälschter Gedankengang" empfunden)
(Köln, 5. 6. 1964)

Aus einem Notizheft

Eine Stelle für dreihundertfünfzig.
Vergilbte Nyltesthemden.
Krawatten vom Schlußverkauf.
Zetteln in der Jackentasche,
ungeöffnete Briefe des Anwalts,
Rechnungen, Zahlungsbefehle,
Totozetteln („6 aus 39"),
unglaubliche Liebesbriefe,
Gedichte, Tabakkrümel,
Nagelschere, Kamm, Rosenkranz,
Briefmarken für den Sohn
(wann sah ich ihn bloß zuletzt?).
– Ecce homo.

Ich möchte lassen
alles, was ich liebte, suchte,
bald ist es Abend, Nacht und Nichts.

In Freiheit weggeben,
was ich niemals hatte,
und endlich leben
wie Gott will: wie eine Ratte.

In der Pinte Gedichte schreiben,
Zigaretten zerdrüciken,
hinter schmutzigen Fensterscheiben
ein Traumbild erblicken …

Und kommt meines Wegs der Herr, *
einem 300ter SL entstiegen,
grußlos weitergehn. Auch ich bin wer:
Ich kann meine Wünsche besiegen,
kann Träume vergessen,
kann die Liebe umgehn,
und während sie essen,
hungrig in mir bestehn,
und während sie schlafen,
den Himmel schauen:
Wolken, blöde Sterne,
gedachte Frauen.

(Köln 1964, als ich bei H. Harmuth in der Anzeigen-
abteilung des Kölner Stadt-Anzeiger einen Job bekam.)
* Mein Vater, Vater-Motiv, vgl. „Bilder aus Köln".

Es greift eine Hand,
eine andere, eine dritte

Es greift eine Hand,
eine andere, eine dritte –
hundert Hände, tausend Hände
greifen nach mir,
nach meiner Seele

Es zittert das Land,
es dröhnen die schweren Schritte,
bersten Wände, stürzen Wände,
stürzen auf mich,
auf meine Seele

(wirr)
(Köln, 9. 6. 1964)

Stieg aus der Nacht ein Lied

Stieg aus der Nacht
ein Lied, so war ich dieses.
Verschwieg sie sich,
so war ich selbst das Schweigen.
Wie ihr es wollt.

Stieg aus dem Tod
die zärtliche Bewegung,
ich war sie ebenso
wie seine Starrheit,
die ihr nicht löst.

(Köln, der Henker weiß, wann! 1964-65?)

Wir werden schreiben
bis wir nicht mehr sind

Wir werden schreiben,
bis wir nicht mehr sind,
verreisen mit dem Wind …
Du nur wirst bleiben
ungebornes Kind

Wir werden dichten.
Unser Geist wird Papier,
unsere Sendung Gier.
Du wirst uns richten,
heute, hier. *

(Köln o. O. o. Z. – um 1965?)
* am 10. 2. 2008 aus „du Tier" geändert

Aus der Nacht der Nachen

Aus der Nacht der Nachen,
aus den Ängsten stieg der Fluß.
Also in des Todes Rachen
fahr ich, weil ich sterben muß.

Aus dem Blut der Becher,
aus dem Körper stieg das Brot.
Also bin ich jetzt der Zecher,
esse, trinke ich mich tot.

Aus dem Sarg die Seele,
aus den Gräbern stieg der Schrei.
Durchgeschnitten meine Kehle,
in den Ohren heißes Blei.

(Köln 28. 6. 1965. Ursprünglicher Titel: „Abschied")

Requiem

Ich hob die Hand. Ich schwor:
daß an den Rosenblüten
beim großen Sturmeswüten
die letzte Hoffnung erfror.

Vor meinem Gartentor,
da brennen Schneeflocken.
Die schwarzen Männer hocken
in meinem linken Ohr.

Und draußen weit im Moor
da hörte man ein Klagen:
Katyns Soldaten lagen
erschossen in Kalk und Chlor.

(Köln, 25. 6. 1965)

Streck aus die Hand

Streck aus die Hand,
geh mit wunden Füßen
durch feindliches Land,
um die Liebe zu grüßen.

Biet nicht an, dein Herz,
sie wird dich klingend verlachen!
Stopf Geld, Geschmeide, Nerz
in ihren großen Rachen.

Sprich kein Gebet,
dank nicht, als hättest empfangen!
Das Glück vergeht,
die Tränen trocknen auf deinen Wangen.

(Köln, 19. 7. 1965 – „Reportage in Blau und Rot")

Wende o bonda

Wende o bonda
halle menín
Lende gioconda
runde sín
Kataraktárum

Hende su Lende
walle al ín
wonna o sende
linda mín
Kataraktárum

(Köln 26. Juni 1966, im Band
„Freiheit und Maß Experimente")
(Klang-Malerei)

Aus blauen Stimmen
auf schwarzes Papier

Aus blauen Stimmen auf
  schwarzes Papier
male das Unsingbare sehr:
  den weißen Stier
im ewigen Wiederkehr
  der Schreie in B-Dur

Aus schwarzem Schweigen ein
  dunkler Chor
klage der Toten helle Schar,
  aus weißem Chlor
steige zum Ebenholz-Altar
  der Stummheit in B-Dur

(Köln, 17. 2. 1967)

Da ich dich liebte – zum ersten Mal

Da ich dich liebte – zum ersten Mal –
du brachtest mich um
Heiliger Frühling, Silberwal
stemme stimme stumm

Da ich dich liebte – zum zweiten Mal –
du schleiftest mich fort
Am Hals einen hellgrünen Schal
werte, wirte wort

Da ich dich liebte – zum dritten Mal –
vergrubst du mich im Sand
da ward es dir kühl, da ward es kahl
winde wunde wand

(Köln 7. 4. 1967 – nichts besonderes, reine Wortspielerei)

Augustinus

Ich rufe jene Kraft des Auferstehns,
die du anriefst, als du am Ende warst,
als deine Welt aus einem Stück zerbarst,
versank in allen Wellen des Vergehns.

Vielleicht verhülltest du dein Angesicht
und schwiegst. Wer weiß es? Wichtig ist allein
die Gnade: ungewollt berufen sein
und stehn, selbst blind, im stärksten, hellsten Licht.

Es wären Worte ohnehin wie Sand,
Gedanken und Gefühle hohl und leer.
Vor ihr ist nur, wer nichts ist, irgendwer,
und wer nichts besitzt, hat sie zum Pfand.

(Köln, Freitag den 28. 8. 1967)

Amateur-Funker-Vereinslied

Sunt quos aethereis
vel iuvat undulis
vox audita procul
viva sodalium
vel signum magicum
di di di da di da

Ätherwellen, das Glück,
bald die lebendige
Freundesstimme so hell
hören zu können, bald
lauschen der magischen
ti ti ti ta ti ta

(Verfaßt für die internationale Versammlung der Funkamateure in Bonn,
auf Bitten von H. Mayer-Kalkschmidt. Lateinische Version, Horaz
nachempfunden, und die Übersetzung. Nahodyl Ferenc – erster Funker
der Ungarischen Armee im Blocksberg – gewidmet.)

Vergiß den zarten Ritterschlag
des ersten Kusses nie

Vergiß den zarten Ritterschlag
des ersten Kusses nie!
In jenem Augenniederschlag
ward dunkle Nacht der helle Tag,
das Schweigen Melodie.

Da sprang dein Herz, da rann das Blut
in deinen Adern heiß:
Verlangen – fürchterlich und gut,
im Atem unlöschbare Glut,
die Stirne in kaltem Schweiß.

(Köln 11. 3. 1968)
(zweite Strofe durchgestrichen; deleatur?)

Sanft in Frauen verloren

Sanft in Frauen verloren,
weiß, unwissend – vielleicht
als wäre ich soweit geboren,
soweit der Schrei eines Stummen reicht
in tausend tauben Ohren.

Zwischen Schenkeln und Brüsten
schwimmen schwer wie im Schaum,
in süßen, gewaltlosen Lüsten
aus Tiersein oder aus hellem Traum
auf reinen Tod mich rüsten.

Wisse: Leben ist lieben,
Lieben aber ist Nacht:
unendlich und übertrieben;
von ihr gezeugt, von ihr umgebracht
bist du in dir geblieben.

(Köln, 11. März 1968)

Ich werde nicht weinen wenn mich dein Gericht schuldig befindet

Ich werde nicht weinen wenn mich
  dein Gericht
schuldig befindet, verurteilt, verstoßt –
ich kenne dein angeblich gutes Gesicht
nicht anders als hart und erbost.

Ich werde nicht weinen, denn ich bin
  so stolz
wie du allmächtig und allwissend bist;
und sagst du Metall, Stahl, ich sage nur: Holz.
Du bist nur die Weisheit – ich: List.

Ich werde nicht weinen, um nichts
  in der Welt!
Breite die tiefste, die dunkelste Nacht
auf alles, was lebt und mich freut und mich hält –
und siehe: ich habe gelacht.

(Köln, Mitte März 1968)

Ich greife mit knorrigen
Fingern den Wind

Ich greife mit knorrigen
  Fingern den Wind,
der mein Leben verweht:
Staubkorn, herbstliches Blatt,
ferne Gerüche von Rosen
(sie sind längst tot)

Ich kann ihn nicht halten, ich
  sterbe geschwind:
wie ein kindlich Gebet
automatisch und glatt,
umgebracht von Psychosen
(sie waren mein Brot)

(Köln, Mitte März 1968)

Vergib, wenn ich denke: dich

Vergib, wenn ich denke: dich,
chere inconnue, du Traum
der Sekunde, die sich
schenkend entreißt ...

denn ich wage es nicht,
dich anzuschauen. Ich weiß
auch so: du bist
wie ich dich träumend entwarf.

Stücke des Lichtes fallen
auf dieses Papier.
So laß sie. Sie sind mehr
denn Tränen.

(Zigaretten, viele Zigaretten
um nichts)

(Köln, Mitte März 1968)
(Ich liebe das Bild „Zigaretten, viele Zigaretten um
nichts", bringe sie immer wieder)

Ich liebe nicht nur nein ich bin die Liebe

Ich liebe nicht nur, nein:
ich bin die Liebe.
Was je ein Mensch erlitten
fasse ich
in mir zu reinem Sein
aus Kraft und Schwachheit.

Wasser, Wiese, Sand
weiße Frauenhand
heißes Frauenherz
Liebesglück, Liebesschmerz

Himmel, Sonne, Wind
küsse mich geschwind
küsse, heißer Mund
meine Lippen wund

Sterne, Sterben, Nacht
Niemand hat gelacht
Niemand hat geweint
so sind wir vereint.

Weiße Rosen rote
blühende und tote
Der eine im Sterben liegt
der andere hat gesiegt

(Köln, April 1968)

So malte man Madonnen zart

So malte man Madonnen: zart
wie aus lauter Lichtern gebaut,
und man hatte entzückt geschaut:
„Come délicieuse! comme aparte!"

Was ihr werdet und was ihr wart,
ist in ihrer innerlichsten Stille
die Einheit des Jetzt: Gefühle, Wille
im Ebenmaß der Fraulichkeit gepaart.

Immortelle, mit Leben betaut: *
ohne Traum träumende Sibylle,
singende, klingende ohne einen Laut …

(Köln, 27. 5. 1968, Montag)
* „Immortelle", ursprünglich „Eine Rose"

Ich singe dem Leben und wünsche es sei

Ich singe dem Leben und
    wünsche: es sei –
trinke den Atem, sauge das Blut
seiner geschwinden Stunden

Ich singe den Tod und
    wünsche ihn herbei
als wäre er Wahrheit, Schönheit und gut,
küsse die vielen Wunden

Irgendwer schlug sie und so
    bin ich frei,
entworfen zum schrecklichen Mut:
gesalbt und geschunden

(Köln, Ende November 1968)

Aus der Nacht klarer Wille
helle Kraft reine Gesinnung

Aus der Nacht: klarer
Wille, helle Kraft,
reine Gesinnung.
Ich bin wahrer denn je

und liebe dreimal drei:
den Gott der Weißen,
die Elektronik,
die Dichtkunst

Und sterbe in Großstadt
immer wieder und nie:
schwarzer Kaffee,
Zeitung, Zigarette ...

(Köln, 11. 1. 1969)

Wollen frühlinghaft blind

Wollen – frühlinghaft blind
wie drängendes Keimen,
wie ein spielend lernendes Kind
– und das soll sich auf „Freiheit" reimen?

Oder: Selbstzerstörung und Tod
protestierend bestimmen? *
verderben wie das verschmähte Brot?*
wie Zigaretten verglimmen?

Nein! Freiheit ist: neue Gestalt
dem Gestaltbaren zu leihen,
und alle „höhere Gewalt"**
der Vergänglichkeit zu weihen. **

(Köln, nach dem 7. 2. 1969 bzw. 9. 2. 1969.
am 15. April 2008 umgeschrieben)
* Fassung 1969: »protestierend selber bestimmen,
            und verderben wie verschmähtes Brot«
** Fassung 1969: »und dem Glauben keine Gewalt
            wessen Gottes auch immer verzeihen.«

Zeitverlust verlorenes Leben

Zeitverlust – verlorenes Leben.
Wer nichts hat, hat viel gegeben.
Bittest bald um eine Stunde,
bettelst bald um eine Sekunde
– Aber es ist aus.

Behaltene Liebe – behaltene Leere.
Heißer Sommer, verdorrte Ähre.
Wer nichts hat, hat nichts gerettet.
Lebendiges Herz, in Stein gebettet,
leeres, totes Haus.

Viele sind die vieles wollen:
Schönheit, Liebe, Reichtum, Macht
– wenn das letzte Herz verschollen,
wenn der erste Narr auflacht

(Köln, 2. 6. 1969)
Abgeschlossen mit „Quatsch!!!"

Ich sehne mich nach dir

Ich sehne mich nach dir,
mein lieber Tod,
du meines wahren Lebens
oder Nichtseins
verschlossene Tür ...

Sterben will ich, sterbend
gut sein und groß –
um deine Liebe werbend
Penis sein und Schoß

(Köln, 21. November 1969)
(non placet)

Licht aus Sand aus Silberseide

Licht aus Sand, aus Silber-
 seide,
Nacht aus Vergebung und Dank
Wenn ich mich mit Nacktheit
 kleide,
bin ich jung und schön und
 schlank.

Wein aus Sperma, Blut und
 Feuer,
Brot aus Stein und Traum
 und Haß
Du bist alter, ich bin neuer,
ich bin rot und du bist
 blaß.

Singt zu den Sternen die
 Hoffnung zu sein
und zu bleiben, mit Bettler-
 gebärde!
Und küßt wie Blinde das Geld
 eure Erde
(merde)

(Köln, Weihnacht 1969)

Jesus-Gedicht ohne Überschrift

Nicht käufliche, durch kein
Gebet, Wunsch, Wille, Träne, Zorn
erschwingliche Anmut des Jesus.

Tau oder Träne, Regen, Wein,
ein blutendes Tierherz, Salz, Öl, Korn
und Worte, Musik, und Schweigen – ach!

(Köln, 12. 4. 1970, Sonntag)

Ich grüße die weiße Nacht
Deines Gewesenseins

Ich grüße die Weiße Nacht
Deines Gewesenseins,
trinke die Milch Deines so sehr
geliebten Todes – Jesus.

Und dann bitte ich: gib
Geld, Bildung, Arbeit, und gib
die lila Vergebung der Liebe *
im heiligen Sex:

daß weiter werde und reiner
der Geist, der einst
aus dem klebrigen Teer des Bios
uns wollend, dich wollend erklang.

(Köln, 3. 5. 1970)
* Lila – Bußfarbe der Kirche. Schwarz, lila, rot und
rosa meine Lieblingsfarben.

Herbst ist

Herbst ist. Greise Baum-Hände
wringen Musik aus dem weißen Leib
des Windes.
Flatternde Blätter die Seelen! Die See –
(vergesse man sie)
wären nur Tode am Ende des Wegs –
wie gern wir ihn gingen!

Uns hat die Zukunft vergiftet,
wir werden niemals ankommen, nirgends,
auch nicht in uns selbst.

Bereits ab Oktober beginnt
die Planung des nächsten Frühlings –
Frühjahrsmanöver der NATO
Frühjahrsmodelle in Paris
bei Dior

(Köln, um 1970)

Gestalten. Nichts als Gestalten

Gestalten. Nichts als Gestalten.
Sie haben keine Farbe. Nicht einen Punkt,
der Auge könnte sein. Nicht die leiseste
Geste von Gefühlen.

Vergebens sage ich „Idee" und „Nimm
Gestalten ab!" Sie stoßen mich zurück,
nicht weil sie hart wären, bei Gott,
hart sind sie nicht!

Ausdruckslos wie sie sind, grenzen
sie mich weg. Eigentlich pralle ich von mir
selbst ab. Ein Blatt. Ein Blei. Eine Erwartung
– und niemals das Gedicht.

Warte daß einer eine

Warte, daß einer, eine
mich nenne, mich rufe.
Steh auf der letzten Stufe,
lache, schweige, weine

Im brennenden Wasser
des Zweiten Himmels, des wahren
will ich dein Darum erfahren.
Sprich, großer Hasser,

meiner Wünsche, Worte, Taten!
Zerstöre die freie Stirn,
das heiße Herz, das helle Hirn,
bevor sie Dich erraten!

Herrin sprich mich an

Herrin, sprich mich an
mit Leid oder Glück –
es bringt mich nicht voran,
wirft nicht zurück.

Der Sinne dumpfe Nacht
oder ihr grelles Licht:
ich bin auf der Wacht
und wanke nicht.

Ich will die Wahrheit: Dich,
nicht deinen Saum.
Oh Herrin, reine: brich
den wirren Traum!

Sterben das ists!

Sterben – das ists! An allen
Lebenden vorbeigehn,
in den finsteren Hallen
des Lassens, Verlassens stehn!

Da tut keine Tür sich auf,
ruft keine Stimme „ich bin hier!"
Es ist wie ein Sonntags-Sauf:
alles ist dumpf wie Bier …

Langsam versinken die Sinne,
ergreift dich Bitternis –
Professorale Weisheits-Miene
triumphiert: Du bleibst ein Nichts!

…

Über die Leichen
schritt die Moral –
wand sich zu Gott durch
wie ein Aal

(Köln 1972 – Res conscientiae)

Ich will nicht wissen ob du bist

Ich will nicht wissen,
ob Du bist, ich kann
es niemals wissen, nur
hoffen

wie man das Unmögliche
hofft: mit Verzweiflung,
Tränen, Selbstmord,
Fluch, Gebete …

Mein Blut schwört, Du bist!
jedoch: was ist mein Blut
schon? und was heißt es
„schwören"?

(o. O. o. J., wohl nach 1980. Symbolisch 1984)

Ein Rotwein-Gedicht

Ein Rotwein-Gedicht.
Ich frage die Nacht:
Liebst Du? Liebst Du nicht?
und sie lacht …

Was immer ich trinke,
was immer ich bin,
ich weiß daß ich sinke
irgendwohin …

Mein Schatten geht
mit dröhnenden Schritten
vor mir her und zertritt
alle Hoffnung.

Ich glaube, ich weine

…........................
ich weine um die Seelen
der Blumen der Nacht

○

Sende oh Sonne, sende mir
nur noch einen einzigen Tag,
darin ich wieder

jung bin
schön bin
und ohne Schuld
darin ich wieder
so sehr glücklich bin
wie ich unglücklich war.

○

Ein Rotwein-Gedicht.
Ich frage nichts mehr niemand!
Wenn ein Traum zerbricht,
zerbreche er ...

(Remagen 3. 9. 1982. Ich fuhr an den Wochenenden dorthin, zum
Darmstädter Hof, zu tanzen, ich liebe den Tanz, und wenn nur einen
Seufzer lang)

Ich tat den Schritt trat ins Leere fiel

Ich tat den Schritt
trat ins Leere
fiel

oder

ich drückte auf den Knopf
und verglühte in Nullzeit
mit allem was war
ist
hätte sein können
und erlosch

Nicht einmal Seele kann ich
werden
nicht einmal ein nicht aus-
gesprochenes Wort
nicht einmal nichts
nicht einmal Vergangenheit

Denn es wird niemand da sein
der denken könnte daß ich
oder jemand oder auch nur
irgendetwas gewesen sein mag

Und die kalten Sterne
(sind sie kalt?)
haben nichts gesehen

Tot ist der Gott meiner Kind-
heit
und er war schon tot bevor
ich wurde
Denn er war nur gelogen
nur ein gelogener Gott
Aber seht: er weint.

Tot ist die Liebe
meiner stürmischen Jugend
Tot die lächelnde Weisheit
die ich
das neue schnelle Leben anschauend
den Kindern
der Kinder
der Kinder
nachrufe stammle flüstere …

Alte Lügen über Liebe
über Gott

(Bonn 15. 9. 1983)
(Titel 1983: „Versuche, in das Leben zurückzugelangen")
(Titel 3. 4. 2009: „…in das Nichtsein zurückzugelangen")

Gott ist nicht aus Dogmen Gebeten

Gott ist nicht aus Dogmen,
Gebeten;
daß wir glauben, und
daß wir gehorchen,
hebt ihn nicht aus dem
Dunkel heraus,
das <u>in uns</u> ist, und
nicht <u>um uns herum</u> …

Und wie könnte er in
unseren Tempeln wohnen,
die wir aus dem Blut,
Schweiß, Tod der Armen
erbauten?
In unseren Domen, die
wir bestaunen dürfen,
wenn wir den Eintritt
bezahlen,
„den Obolus entrichten"? *

(Aber auch in den „ach,
so süßen" kleinen Ka-
pellchen, wo unser
Fühlen sich weinend
glücklich verströmt, sind
wir nur mit uns allein."

Gott stöhnt unter der
Last unserer Tugenden,
stürzt, stirbt, zerbricht.

Gott ist niemand. Der
Niemand, den wir,
die wir <u>sind</u>, nicht
nur nicht lieben können,
nein, vielmehr verachten
müßten, selbst wenn
wir ihn bemerkten.
Aber wie das? Die
Luft, die wir atmen, ist
uns bewußt. Das Stehen-
bleiben der Uhren ist hör-
bar. Wir sehen sogar den
Felsen wachsen. Die Lei-
tung ist tot – aber was
ist das alles im Vergleich
zu ihm? So tief reicht
keine Psychologie, so weit
greift keine Astronomie,
daß eine Seele in eine
andere Seele – in wessen
Seele? – sich vernichtete.)

(Bonn, Ostern 1984 – „Nova Theologia")
* „Obolus entrichten" ist ein Zusatz aus Januar 2007.

Leben ist Traum

Leben ist Traum,
  in vielen
Wellen ertrunken sein,
bis der Morgen herein-
bricht:
dann sein.

Leben ist nichts-
wissend versunken sein,
bis die Netze zerreißen:
dann frei sein.

Leben ist lachend *
mit der Kindheit vergehn,
bis einer dich unterbricht:
dann hart sein.

(Bonn, 30. 4. 1984 – Pep gewidmet)
* Im Urtext „weinend"

Gebet für meine Kinder

Liebes Jesukind im Himmel,
Du gabst uns den neuen Tag; –
mach ihn schön und strahlend immer,
daß er uns erfreuen mag.

Alle Menschen, alle Tiere
sind erwacht zu Deinem Ruhm;
alle wollen Dir zur Ehre
fleißig ihre Arbeit tun.

Laß die warme Sonne glühen,
laß die Vöglein singen schön,
laß die bunten Blumen blühen
und die Winde milde wehn!

Laß uns Kinder artig werden,
gib uns unser täglich Brot,
segne unsre lieben Eltern,
schütze uns in aller Not!

Dafür werden wir am Abend,
wenn wir wieder müde sind,
froh im Herzen Dich bewahrend,
danken, liebes Jesuskind.

[vermutlich um 1960]

Fragmente

Dich lebe dar
und wiederhole keinen
in deinem Antlitz,
sei er noch so gut
und schön und nahe
wie die Atemluft,
die dich bedingend,
streichelnd, rein umliebt:
Denn Freiheit ist
der Mensch …
(um 1962-66)

„Weihnacht '69"

Schwarz-lila Rand
vieler Träume,
Schwarzer Nebel, Sand
Monde aus Glas,
gläsern blutende Bäume
meines Bewußtseins,
Schwarze Augen, die träumen,
verdeckende Hand,
Wille, daß ich mich
blutend versäume,
weißes, weiches Nichts
inmitten der Wand,
die ich erwachend bin
– mein Gott …
(Quatsch, nicht wahr?
Aber ich war schon blau)

Wo ich ging, da ich ging,
wachte kein Hirn so kalt:
über meine Schritte, die scheu
widerhallten
im großen Ohr der Stille

Mein Wille, benetzt vom Tau
neutraler Umstände
gab sich von selbst auf:
im verzeihenden Tempel
der hellen Psyche.
Verebbe, Bios,
singe silbern dein Blut

Bin ich denn Seele? Papier?
Jetzt – da ich sterbe?
(um 1962-66)

Philosophie wie Obelisken.
Rot. Wut. Tat.

Leuchtendes Blut,
das Rot als Wesen.
Samtschwarze Flammen,
Nacht.
Ich bin zu Ende,
bin gewesen:
Mein Tod hat aufgelacht.
Gelächter welle sich: Gelächter
(alte Motive, um 1958)

Nova Poesis

Ich bin sehr, nicht:
Revolution in weiß,
Erfundene Seele,
Rand der Güte des Tods,
Verschweigung, Meer, Wald,
meerestief.

Aber hier und aber dort
bin ich Flamme, Wort.

Abend. Gebete sind.

Aber hier und aber dort:
unverhinderbarer Stern
der Angst.

Sag! sag: heilig ist sie!

Aber ich weiß: der Christen
Gott will Gewalt.
So hört des Steines Innesein.
(um 1964)

Mein Blick
durchdringt nicht den Nebel,
meine Hände
fassen kein Feuer an,
und auch das Wort
werde ich niemals anders
sagen, schreien,
flüstern,
denn innerlich.
(Juli 1963)

Ich vergaß, daß ich,
auch wenn ich nicht bin,
nicht nur sein sollte,
sondern auch werden

das ist: So erreichen wollen,
daß niemals etwas erreicht
werde und somit sei.

Wie aber das?
Indem ich kreise?
Und die Bahn, die ich
geradeaus ziehe, in Äonen
kleiner wird, bis eine Sonne,
die ich nicht wollte, mich
in sich bezieht?

Ist aller wahrer Tod
Tod in der Sonne?
(Bonn, 29. 5. 1976)

Kommt, Ihr Herrlichen, zeigt
Lippen und Brüste!
Der Sturm ist vorbei. Es schweigt,
wer schreien müßte.
Kommt, Ihr Weisen, beweist
Erkennen und Tun!
Ich bin aus mir selbst verreist,
kann nicht mehr ruhn.
Kommt, Ihr Mächtigen, stark
strafende Hände!
Meine Schwachheit ist euer Sarg,
eures Wollens Ende.
(um 1966-70)

Ich warte nicht – ich wartete nie
auf deine schreckliche Anmut,
mein eigener Tod.
Du deckst meine Augen
von hinten zu,
daß ich rate.
Also rate ich. Alles Ersehnte
der Kindheit: Wärme. Ein Pferd.
Viel Brot.
Häuser aus Brot.
Alles Gewollte des Mannseins:
Rückgrat. Beruf.
Sowie allen Verzicht. Einen Gott

Traum – ohne Gnade:
ich habe das schwarze,
stille Nichts
gesehen, gefühlt –
es war nur ein Traum.

Ich verzieh dir jeden Schlag
auf meine blasse Wange.
Doch: als du mich batest:
Verzeihe –
da haßte ich dich:
denn siehe, dein Land, dein Volk
braucht Zorn.
(um 1962-66)

Nova Poesis

Ich bin nicht gekommen,
um hier zu sein.
Ich bin nicht, damit ich sei –
lieber bin ich überhaupt nicht.
Wie ich das Leben liebe!

Einen sonnigen Tag.
Wasser. Luft.
Blumen. Das freundliche Tier.
Den anderen Menschen.
Die Frau. Essen und Trinken.
Den Beischlaf. Den Schlaf.
Den Traum
und das Erwachen. Arbeit und
Müßiggang. Sport. Spiele.
Schöne Kleider. Geld. Reisen.
Das Buch. Bildung. Wissen.
Kunst. Gott. Alles.

Aber das hatte Anfang, wird
haben ein Ende.
Zwischen Warnicht
und Wirdnicht
(um 1962-66)

Die Nacht

Ein Silberstreifen
hängt in der Luft.
Die Toten reifen
in ihrer Gruft.

Und an den Schatten
ein Silberflaum
(schon lange her)

Zieh an die Nacht,
oh Seele! Dich geleite
ein blinder Traum,
Entsagung schmücke dich …
(Fragment um 1963)

Das reine Denken
der Dunkelheit,
der Verwirrenden
Tiefe der Armut –
Brotarmut. Lichtarmut.

Über das weinende Brot,
über das Nichtsein des Brotes
gebeugt:
Erlösung denken.

Waschen die Zunge, die
Lippen
in gewollter Milch –
so weiß, so dick gewollt
wie die stets, wie die sehr
gefürchteten Götter Afrikas.

Vielleicht trinkst du
dann auch
deine Träume wie Wein:

Deinen Ichbinreichtraum,
Deinen Ichbingutstarkgesund-
traum.
Den Traum: daß ich liebe.
(irgendwo, -wann um 1964)

Vergebt den brennenden Seelen
der Massen ihr immer-
während es Wiederauferstehn:
es ist Hoffnung, Sehnsucht bloß
Ihr seid besser dran, die ihr
konzentriert und cool
das ganze, volle, runde,

komplette Nichts wollt.
(um 1968?)

Schränke von Männern und
Männer von Welt
stehn an der Theke, und was
sie da hält,
ist die Reklame: dies zeuge
von Art –
Snob im Gehabe und maskulin
smart.

Wunder von Frauen und Frauen
– ja nun,
hängen in Trauben an ihnen
und tun
als hingen sie gar nicht, als
wären sie was:
Rehe aus Sonnenschein,
Dichtung und Glas.
(1962-66)

Nova Poesis

Zeige und Mittelfinger zu Vau
geformt, und eine Sekunde
mannhaft bestehen:
kämpfend, rauh,
als ob die schreckliche Wunde
schön wäre (ein Blick, ein Kuß).
So fahre dahin, geliebte Frau,
heiter und hell! Denn im Grunde
ist gar nichts geschehen. Wie blau
strahlt uns der Himmel!
(1962-66)

Transzendenz

Ich rühre sie an: heiß
sind die Wände und dunkelblau
meines Nichtseins.
Ich sage dir: schau,
wie wenig ich weiß

von gesteigerten, voll-
endeten, übertrieben explodie-
renden Überschall-Melodie
der Transzendenz.
Denn ich soll,

was ich niemals wollte: das weiß
wie vor Reinheit glühende
Know-how
des Gebetes der Seelen aus Eis

beherrschen. Bin ich denn ein
Pfau,
der bunt-unsichtbar, der
schreiend-leis
schreitet - auf Rasen, Licht, Tau?
(1960?)

Die Idee des „gehörten Bildes"
im folgenden Experiment:

Wie eine Schneeflocke ins
Meer fallende in das eisige
lautlos: Seele des
abgewiesenen Mannes.

(1965 – vor meinem 40.
Geburtstag)

In sieben Städten der sich
verlierenden Zukunft
leuchten noch Lichter: fahl,
vergrämt und für niemand.
Oder glaubst du, nur weil
schimmernde, schwere Raketen
die heilige Nacht des Kosmos
strahlend zerstören und stark,
– glaubst du, das sei schon
weit darüber hinaus, was wir
zu können haben?

Oder, mit anderen Worten: Wann
war Zukunft mehr denn
deine und meine Pflicht?
Wann war sie je - und wann nie –
zum Beispiel Traum?
(Fiant fragmenta futuri 1960)

Verzeih mir, Herr
ich will nicht beten
will nicht meinen Willen
unendlich verlängern – zu Dir -,
daß er Wunsch würde
und schließlich Ergebung,ja Angst.

Ich will anfassen
Stein und Metall,
Buch, Geld, Bierglas, Frauen,
will mich an den Dingen
versengen,
aus der Erde Leben ziehn,
in die Erde sterben.
Aber ich werde dich immer
wissen und achten sehr
(15. 12. 1964)

Sagt nicht „Vernunft",
sagt nicht „Moral" und „Kunst":
die Zeit verweht
Denkmäler wie Gedanken,
und gleich dem Bösen
stirbt das Gute nackt.
Es ist nicht schwer,
sich ewig zu entwerfen,
doch unser Schicksal
heißt Vergänglichkeit.
Um ihren Sinn
bemühe sich der Weise;
hat sie keinen,
so trage ers gefaßt:
„In sich bestehn"
ist groß - nicht „Großes leisten"

Und auch der Mann
wird also. Was ihn hält,
was ihn bindet:
das frauliche Verlangen
(daß er einbringe
leiste, strebe, werde),
Verantwortung
und Treue, Recht und Pflicht...
All dieses reißt.
Mit eigenem Gewicht nur,
und mit der Schwerkraft
dumpfer Schuldgefühle
fliegt er fortan
dem unseligen Ende
selig entgegen:
denn die Schuld ist Freiheit.
(Köln, 7. 12. 1964)

Ich weiß, daß jeder Wunsch

aus bloßem Traum
gewoben ist,
gewirkt ins Ungefähre;
die Mitte wollend trifft er
– wenn! – den Saum
nach Fülle greifend
greift er in die Leere.
Ich habe alle Musen angefleht
(1960)

Geliebter Tod

Ich machte die Kraft
zu meinem Schwert,
die Jugendkraft
zu reiner Waffe
und kämpfte
gegen die ganze Welt
(1964)

Zu lieben, ob ich
alles Feuer hätte,
zu sterben, wenn
die zarte Silberkette
der Zeilen reißt,
die Du mir zugedacht
Wer je der Sinne dumpfe Nacht
mit hellem Hirn erlebte –
Gott war gefesselt, streng
(1962-66)

Im weißen Schnee
das braune Reh,
in schwarzer Nacht
das rote Blut
(1958-60)

Deutschland

Ich liebe dieses Land. Flüsse,
Luft
Verseucht, beschmutzt. Die reh-
äugige Schönheit
des „deutschen Walds", von Camping
und Tourismus
gemartert seine Wiesen, die un-
endlich
und fast schon Seele waren …
Auch die Menschen. Schwer
sind die Gedanken
und schnell die Tat. In den
Hochöfen,
in Werk, Labor, Klinik, Maschine,
Plan:
Schreiende Blumen, grell,
sekundenlebig
– Gefühle waren es.
Drittens die Großstadt. Wo bist du
so allein,
weit weg von Dir, ein Schwamm
voll Schuld gesogen,
lauwarm und klebrig. Bier,
Neon

– das ist die Nacht. Die todmüde
Blonde
stammelt und lallt, …

Schlanke Dome, viele Polizisten:
An ihrem Bündnis zerbricht
mein Traum: ich bin.

(Köln, 19. 7. 1967)